AF573459

LA FAVORITE

OPÉRA EN QUATRE ACTES ET CINQ TABLEAUX

Représenté, pour la première fois, à Paris, sur le théâtre de l'ACADÉMIE ROYALE DE MUSIQUE, le 2 décembre 1840.

OPÉRAS ET OPÉRAS-COMIQUES

Format grand in-18

L'Amour médecin (3 actes), par M. Ch. Monselet, musique de M. F. Poise. . 1 »
Le Bal masqué (5 actes), par M. Ed. Duprez, musique de M. G. Verdi. . 1 »
Le Chalet (1 acte), par Scribe et Mélesville, musique d'Adam . . . . . 1 »
Le Cid (5 actes), par MM. d'Ennery, L. Gallet et Ed. Blau, musique de M. Massenet. . . . . 2 »
Don César de Bazan (3 actes), par MM. d'Ennery et Chantepie, musique de M. J. Massenet . . . . 1 »
Don Grégorio (3 actes), par T. Sauvage et A. de Leuven, musique de Gabrielli . . . . 1 »
La Fanchonnette (3 actes), par de Saint-Georges et de Leuven, musique de Clapisson . . . . 1 »
Le Florentin (3 actes), par H. de Saint-Georges, musique de M. Lenepveu. 1 »
Galante aventure (3 actes), par MM. L. Davyl et A. Silvestre, musique de M. E. Guiraud. 1 50
Gilles de Bretagne (4 actes), par Mme Perronnet, musique de M. Kowalski. 1 »
Guillaume Tell (4 actes), par Jouy et H. Bis, musique de Rossini. . . . 1 »
Henri VIII (4 actes), par MM. Détroyat et A. Silvestre, musique de M. C. Saint-Saëns . . . . 1 »
Hérodiade (4 actes), par MM. Milliet et H. Grémont, musique de M. J. Massenet . . . . 1 »
Les Huguenots (5 actes) par E. Scribe, musique de Meyerbeer. . . . 1 »
Hymnis (1 acte), par M. Th. de Banville, musique de J. Cressonnois . . . 1 50
Jeanne d'Arc (4 actes), par M. A. Mermet. . . . . 1 »
Joconde (3 actes), par Etienne, musique de Nicolo. . . . . 1 »
La Juive (5 actes), par Scribe, musique de Halévy . . . . 1 »
Lohengrin (3 actes), par R. Wagner, traduit par M. Ch. Nuitter 1 50
Maître Pathelin (1 acte), par A. de Leuven et F. Langlé, musique de F. Bazin. 1 »
Manon (5 actes), par MM. Meilhac et P. Gille, musique de M. J. Massenet. 1 »
Le Mari d'un jour (3 actes), par MM. A. d'Ennery et Silvestre, musique de M. A. Coquard. . . . . 1 »
Les Martyrs (4 actes), par E. Scribe, musique de Donizetti. . . . . . 1 »
L'Ombre (3 actes), par de Saint-Georges, musique de M. de Flotow . . . 2 »
Les papillotes de M. Benoist (1 acte), par MM. J. Barbier et M. Carré, musique de M. Henri Reber . . . . 1 »
Pédro de Zalaméa (4 actes), par MM. L. Détroyat et A. Silvestre, musique de M. B. Godard . . . . 1 »
Le premier jour de bonheur (3 actes), par MM. d'Ennery et Cormon, musique d'Auber. . . . . 1 »
Le Pré-aux-Clercs (3 actes), par E. de Planard, musique d'Hérold. . . . 1 »
Rienzi (5 actes), par R. Wagner, trad. par MM. Ch. Nuitter et J. Guillaume. 1 50
Robert le Diable (5 actes), par Scribe et G. Delavigne, mus. de Meyerbeer. 1 »
Sigurd (4 actes), par MM. C. du Locle et A. Blau, musique de M. E. Reyer. 1 »
La surprise de l'amour (2 actes), par M. Ch. Monselet, mus. de M. F. Poise. 1 »
Tabarin (2 actes), par M. Paul Ferrier, musique de M. Emile Pessard. . . 1 »
Tannhauser (3 actes), par R. Wagner, traduit par M. Ch. Nuitter. . . . 1 50
Le tribut de Zamora (4 actes), par MM. d'Ennery et J. Brésil, musique de M. Gounod . . . . 2 »

Imprimerie générale de Châtillon-sur-Seine. — A. Pichat.

NOUVELLE ÉDITION

LA
FAVORITE

OPÉRA

EN QUATRE ACTES ET CINQ TABLEAUX

PAR MM.

A. ROYER, G. VAEZ & E. SCRIBE

MUSIQUE DE M.

G. DONIZETTI

PARIS
TRESSE & STOCK, ÉDITEUR
8, 9, 10, 11, GALERIE DU THÉATRE-FRANÇAIS
PALAIS-ROYAL

1886

PERSONNAGES

FERNAND	MM.	DUPREZ.
ALPHONSE XI, roi de Castille		BAROILHET.
BALTHAZAR, supérieur du couvent de Saint-Jacques de Compostelle. . . .		LEVASSEUR.
DON GASPAR, officier du roi.		WARTEL.
UN SEIGNEUR		MOLINIER.
LÉONOR DE GUZMAN.	Mme	STOLZ.
INEZ, suivante de Léonor.	Mlle	ELIAN.

SEIGNEURS ET DAMES DE LA COUR, UNE CAMERERA-MAYOR, PAGES, GARDES, MOINES DE SAINT-JACQUES, PÈLERINS.

L'action se passe dans le royaume de Castille, en 1340.

LA FAVORITE*

ACTE PREMIER

PREMIER TABLEAU

Le théâtre représente l'extrémité d'une des galeries latérales, entourant le couvent de Saint-Jacques de Compostelle. — Du côté droit, on aperçoit à travers la colonnade de la galerie les arbres et les tombes du cloître. — A gauche, se trouve l'entrée de la chapelle, qui renferme les reliques de Saint-Jacques. — Au fond, un mur d'enceinte, où s'ouvre une grille.

SCÈNE PREMIÈRE

LES RELIGIEUX, traversant la galerie pour se rendre dans la chapelle ; FERNAND, sous la robe de novice, et BALTHAZAR, le supérieur, paraissent les derniers.

CHŒUR DES RELIGIEUX

Pieux monastère !
De ton sanctuaire
Que notre prière
Monte vers les cieux !
Dans cette chapelle
Guidé par ton zèle,

* Les passages compris entre guillemets sont généralement passés à la représentation.

Note des Éditeurs.

Pèlerin fidèle,
Viens offrir tes vœux.
Pieux monastère,
Où notre prière
Monte vers les cieux !

Les moines entrent dans la chapelle. Balthazar va les suivre ; mais il aperçoit Fernand qui reste immobile absorbé dans ses pensées. Il s'approche de lui.

SCÈNE II

BALTHAZAR, FERNAND

BALTHAZAR.

Ne vas-tu pas prier avec eux ?

FERNAND

Je ne puis.

BALTHAZAR.

Aurais-je de ton cœur deviné les ennuis?...
Dieu ne te suffit plus.

FERNAND.

Vous dites vrai, mon père ;
Quand je vais à vos pieds m'enchaîner sans retour,
Je jette malgré moi vers les biens de la terre
Un regard de douleur, de regrets et d'amour.

BALTHAZAR.

Parle, achève...

FERNAND.

A l'autel que saint Jacques protège
Et que de pèlerins un peuple immense assiège,
Je priais... j'invoquais les anges radieux,
Quand l'un d'eux tout à coup vint s'offrir à mes yeux.

CAVATINE

I

Un ange, une femme inconnue,
A genoux, priait près de moi.
Et je me sentais, à sa vue,

Frémir de plaisir et d'effroi.
Ah ! mon père ! qu'elle était belle !
Et contre mon cœur sans secours
C'est Dieu que j'implore... et c'est elle,
C'est elle !... que je vois toujours.

BALTHAZAR.

Dieu ne te suffit plus !

FERNAND.

II

Depuis qu'en lui donnant l'eau sainte
Ma main a rencontré sa main,
De ces murs franchissant l'enceinte,
Mon cœur rêve un autre destin.
A tous mes serments infidèle,
Et du ciel cherchant le secours,
C'est Dieu que je prie, et c'est elle
Qu'en mon cœur je trouve toujours.

BALTHAZAR.

DUO.

Toi, mon fils, ma seule espérance,
L'honneur, le soutien de la foi...
Toi qui devais à ma puissance
Bientôt succéder après moi !

FERNAND, baissant la tête.

Mon père... je l'aime.

BALTHAZAR, avec douleur.

Aimer ! toi !...
Sais-tu que devant la tiare
S'incline le sceptre des rois ?
Que ma main unit ou sépare,
Que l'Espagne tremble à ma voix ?

FERNAND.

Mon père, je l'aime.

BALTHAZAR.

« Et tu crois
« Au bonheur que promet une terrestre flamme ! »

Dis, sais-tu quelle est cette femme
Qui triomphe de ta vertu ?
Celle à qui tu donnes ton âme...
Son nom, son rang... les connais-tu ?

FERNAND, avec passion.

Non, mais je l'aime.

BALTHAZAR, levant les mains au ciel.

Oh ! perdu !

ENSEMBLE.

Va-t'en, insensé, téméraire !
Va loin de nous porter tes pas,
Et que Dieu, plus que moi sévère,
Que Dieu ne te maudisse pas.

FERNAND.

Idole si douce et si chère,
O toi qui vois tous mes combats,
O toi mon seul bien sur la terre,
Veille sur moi, guide mes pas.

BALTHAZAR, arrête par la main Fernand, prêt à sortir, et lui dit avec émotion :

La trahison, la perfidie,
O mon fils, vont flétrir tes jours,
Et sur l'océan de la vie,
Je tremble au danger que tu cours.
Peut-être, battu par l'orage,
Tu voudras, pauvre naufragé,
Regagner en vain le rivage
Et le port qui t'eût protégé.

FERNAND, tombant à genoux.

Bénissez-moi, mon père,
Je pars.

BALTHAZAR.

Va-t'en, insensé, téméraire !
Va loin de nous porter tes pas,
Dans sa justice ou sa colère
Que Dieu ne te maudisse pas

FERNAND.

Idole si douce et si chère !
O toi qui vois tous mes combats.
Sois mon seul bien sur cette terre,
Je pars, je pars, guide mes pas

Fernand sort par la grille du fond, et, de loin, tend les bras à Balthazar, qui détourne la tête en essuyant une larme, et entre dans la chapelle.

DEUXIÈME TABLEAU

Le théâtre représente un site délicieux, sur le rivage de l'île de Léon. Des jeunes filles sont groupées sur le bord de la mer et emplissent de fleurs des corbeilles; des esclaves suspendent aux branches des arbres de riches étoffes pour rendre l'ombrage plus épais; d'autres jeunes filles unissent des danses aux chants de leurs compagnes.

SCÈNE III

INEZ, JEUNES FILLES.

CHŒUR.

Rayons dorés, tiède zéphyre,
De fleurs parez ce doux séjour,
Heureux rivage qui respire
La paix, le plaisir et l'amour.

INEZ.

Nous que protège sa tendresse,
Esclaves, par nos soins discrets,
De notre belle maîtresse
Sachons payer les bienfaits.
Silence! silence!
La mer est belle et l'air est doux.
C'est la nacelle qui s'avance:
Voyez là-bas... la voyez-vous?

Les jeunes filles s'approchent du rivage et regardent dans le lointain.

INEZ ET LE CHŒUR.

Doux zéphyr, sois-lui fidèle,
Pour conduire sa nacelle
Aux bords où l'amour l'appelle
A la voile sois léger;
Et ravis sur ton passage,
Pour embaumer cette plage,
Le parfum qui se dégage
Du jasmin, de l'oranger.

SCÈNE IV

LES MÊMES; FERNAND, paraissant sur une barque, entouré de JEUNES FILLES, et portant sur les yeux un voile qu'on lui enlève.

FERNAND, à la jeune fille qui l'aide à descendre de la barque.

Gentille messagère et nymphe si discrète,
Qui chaque jour protégez dans ces lieux
Mon arrivée ou ma retraite,
Pourquoi voiler ainsi mes yeux?

Les jeunes filles détournent la tête et font signe qu'elles ne peuvent répondre.

Toujours même silence!

S'approchant d'Inez.

Et pourquoi, je t'en prie
Ta maîtresse si jolie
Persiste-t-elle à me cacher
Son rang, son nom? quels sont-ils?

INEZ, souriant.

Impossible
De le savoir.

FERNAND.

Je ne puis t'arracher
Ce secret, il est donc terrible?

INEZ.

C'est celui de la senora.
Je l'aperçois, elle vous répondra.

Léonor entre et fait signe aux jeunes filles de s'éloigner.

SCÈNE V

FERNAND, LÉONOR.

LÉONOR.

DUO.

Mon idole! Dieu l'envoie,
Viens, ah! viens, que je te voie!
Ta présence fait ma joie,
Ton amour fait mon bonheur.

FERNAND.

Pour toi des saints autels j'ai brisé l'esclavage.

LÉONOR.

Et de ce jour mon pouvoir protecteur
Veilla sur tes destins, et sur ce doux rivage
Conduisit en secret tes pas...

FERNAND.

Pour mon bonheur.

LÉONOR.

Pour ta perte peut-être!

FERNAND.

Par pitié, fais-moi connaître
Quel péril pour moi peut naître?
De ton cœur si je suis maître,
Que m'importe le trépas.

LÉONOR.

Ah! de mon sort, que ne suis-je maîtresse?

FERNAND.

Qui donc es-tu?

LÉONOR.

Ne le demande pas.

FERNAND.

J'obéis... Mais un mot, un seul!... si ta tendresse
A la mienne répond, partage mon destin,
Et du pauvre Fernand daigne accepter la main.

LÉONOR.

Je le voudrais... Je ne le puis!

FERNAND.

Qu'entends-je,
O destinée étrange!
O sort plein de rigueur!

LÉONOR, *à part.*

C'est Dieu... Dieu qui se venge,
Et qui brise mon cœur.

A Fernand, lui montrant un parchemin.

Songeant à toi plus qu'à moi-même,
Chaque jour je voulais te donner cet écrit...
J'hésitais chaque jour...

FERNAND.

Pourquoi?

LÉONOR.

N'as-tu pas dit
Que pour ton cœur l'honneur était le bien suprême?

FERNAND.

Sans doute.

LÉONOR.

Et j'assurais par là ton avenir...
Mais il t'ordonne...

FERNAND.

Eh! quoi donc?

LÉONOR.

De me fuir.

FERNAND.

Jamais!

LÉONOR.

Il faut m'oublier et partir.

FERNAND.

Toi, ma seule amie,
Ne plus te revoir!
T'aimer, c'est ma vie,
Sans toi plus d'espoir.
Mon cœur qui se brise,

Sera froid, mon Dieu!
Avant qu'il te dise
Ce fatal adieu.
Maudit sur la terre,
Hélas! sous quels cieux
Traîner ma misère?
Où puis-je être heureux?

LÉONOR.

Adieu! pars! oublie
Ton rêve et tes vœux;
L'amour qui nous lie
Nous perdrait tous deux.
Mon âme qui saigne
De mille douleurs,
Se brise et dédaigne
La plainte et les pleurs.
Adieu sur la terre!
Et si dans les cieux
Parvient ma prière,
Tu dois être heureux!

SCENE VI

LES MÊMES, INEZ.

INEZ, accourant toute tremblante.

Ah! madame, madame...

LÉONOR.

Qu'est-ce donc?

INEZ.

C'est le roi.

LÉONOR.

Ciel! Au fond de mon âme...

FERNAND, surpris.

Le roi!

LÉONOR, à part.

Je frémis d'effroi.

A Inez.

Je te suis.

A Fernand, lui remettant le parchemin qu'elle lui a montré.

Tiens, lis,
Et surtout obéis.
Fuis-moi!

FERNAND.

Jamais!

LÉONOR.

Adieu! pars, oublie
Ton rêve et nos vœux;
L'amour qui nous lie
Nous perdrait tous deux.
Mon âme, qui saigne
De mille douleurs,
Se brise et dédaigne
La plainte et les pleurs.
Adieu sur la terre!
Et si jusqu'aux cieux
Parvient ma prière,
Tu dois être heureux!

FERNAND.

Que moi je t'oublie!
Ne plus te revoir!
T'aimer, c'est ma vie,
Sans toi plus d'espoir.
Mon cœur, qui se brise
Sera froid, mon Dieu!
Avant qu'il te dise
Ce fatal adieu.
Maudit sur la terre,
Hélas! sous quels cieux
Trainer ma misère?
Où puis-je être heureux?

Léonor jette à Fernand un dernier adieu, puis sort avec précipitation.

SCÈNE VII

FERNAND, INEZ.

FERNAND, qui a retenu Inez prête à suivre Léonor.
Celui qui vient la chercher... C'est le roi!

INEZ.
C'est Alphonse, silence!

FERNAND.
Je sais tout : son rang, sa naissance,
Se rapprochent du trône... et moi!
Malheureux, obscur et sans gloire...

INEZ.
Prudence!

Elle lui fait signe de se taire et s'enfuit.

SCÈNE VIII

FERNAND, seul.

Je ne méritais pas son amour et son cœur.
Il regarde le parchemin que Léonor lui a remis, et pousse un cri de joie.
O ciel! elle prétend que j'en devienne digne!
Oui... ce titre, ce rang et cet honneur insigne!...
Moi... Fernand! capitaine! et par elle, ô bonheur!

AIR.

Oui, ta voix m'inspire,
Et sous ton empire
Un double délire
M'anime en ce jour.
A toi je me livre,
Et prêt à te suivre,
Mon âme s'enivre
De gloire et d'amour.

Adieu donc, doux rivage,
Témoin de mon bonheur !
Bientôt sous votre ombrage
Je reviendrai vainqueur.

Oui, ta voix m'inspire,
Et sous ton empire,
Un double délire
M'anime en ce jour.
A toi je me livre,
L'espoir va me suivre,
Et mon cœur s'enivre
De gloire et d'amour.

ACTE DEUXIÈME

Le théâtre représente une galerie ouverte à travers laquelle on aperçoit les jardins et le palais de l'Alcazar.

SCÈNE PREMIÈRE

LE ROI, DON GASPAR.

LE ROI.

Jardins de l'Alcazar, délices des rois Maures !
Que j'aime à promener sous vos vieux sycomores
Les rêves amoureux dont s'enivre mon cœur !

DON GASPAR.

Du vaincu le palais appartient au vainqueur.
Par vous le Christ triomphe, Ismaël fuit et tremble.

LE ROI.

Oui, les rois de Maroc et de Grenade ensemble
Ont près de Tarifa vu tomber le croissant *.

DON GASPAR.

A vous la gloire, sire !

LE ROI.

A moi ? non, à Fernand,
A ce jeune héros qu'un seul jour fit connaître,
Qui rallia l'armée et qui sauva son maître...

* En 1340, Alphonse XI, roi de Castille, remporta, près de Tarifa et sur les bords du Salado, une victoire complète sur les rois de Maroc et de Grenade réunis.

Je l'attends à Séville, et je veux dans ma cour
Aux yeux de tous honorer son courage.

DON GASPAR.

Du saint-père on annonce un important message.

LE ROI, avec impatience et à part.

De son sceptre sacré le poids devient trop lourd.

Don Gaspar, à qui le roi fait signe de se retirer, s'incline avec respect et sort.

SCÈNE II

LE ROI, *seul, regardant don Gaspar qui s'éloigne.*

Oui, tous ces courtisans dévorés par l'envie,
Avec Rome formant une ligue ennemie,
Ont contre mon amour dans l'ombre conspiré.
Mais moi seul, Léonor! * seul je te défendrai

AIR.

Léonor! viens, j'abandonne
Dieu, mon peuple et ma couronne.
Que ton cœur à moi se donne!
Rien par moi n'est regretté,
Si pour ciel et pour couronne
Il me reste ta beauté.
Léonor! mon amour brave
Et la terre et le ciel pour toi:
A tes pieds, je suis esclave,
Mais l'amant se lève roi!
Rien ne peut finir l'ivresse
De mes jours liés aux tiens;
Pour toujours, belle maîtresse,
Pour toujours tu m'appartiens.

Allant vers don Gaspar, qui reparaît, le roi lui dit:

Pour la fête, préviens
Toute ma cour.

* Léonor de Guzman, célèbre par sa beauté, son esprit et l'amour qu'elle inspira au roi Alphonse XI, qui, pour l'épouser, voulut répudier sa femme.

SCÈNE III

LE ROI, LÉONOR, entrant avec INEZ et causant à demi-voix.

LÉONOR.

Ainsi donc l'on raconte...

INEZ.

Qu'il est vainqueur et glorieux.

LÉONOR, avec joie.

Fernand ! à lui la gloire !

Apercevant le roi.

O ciel !

A part.

A moi la honte.

Le roi fait signe à Inez de se retirer, puis il s'approche de Léonor.

LE ROI.

Léonor ! tristement pourquoi baisser les yeux ?

LÉONOR.

Croyez-vous que je sois heureuse ? justes cieux !
Quand j'ai quitté le château de mon père,
Pauvre fille abusée, hélas ! sur cette terre
Je croyais suivre un époux !...

LE ROI, avec tendresse.

Ah ! tais-toi !

LÉONOR.

Tu m'as trompée, Alphonse ! En ce bois solitaire
Dont l'ombre cache mal la maîtresse du roi,
Le mépris de ta cour vient encor jusqu'à moi.

LE ROI.

Oh ! tais-toi, tais-toi !

DUO.

Dans ce palais règnent pour te séduire
Tous les plaisirs ; tu marches sur des fleurs.
Autour de toi, quand tu vois tout sourire,
Ange d'amour, d'où viennent tes douleurs ?

LÉONOR.

Dans vos palais, ma pauvre âme soupire,
Cachant son deuil sous l'or et sous les fleurs;
Dieu seul le voit, sous mon triste sourire
Mon cœur flétri dévore bien des pleurs.

LE ROI.

Mais d'où vient donc cette sombre tristesse?

LÉONOR.

Vous me le demandez... à moi!
Ah! loin de votre cour, par pitié, par tendresse
Laissez-moi fuir...

LE ROI.

Non, compte sur ton roi
Pour réussir, il faut me taire encore,
Mais, avant peu, tu sauras, Léonore,
Ce que mon cœur a médité pour toi.

LÉONOR.

Le prince ne peut rien pour moi.

ENSEMBLE.

LE ROI.

Quoi! mon amour, stérile flamme,
Est sans puissance pour son âme!
Est-il pourtant destin plus beau?
Mais son bonheur semble un fardeau.

LÉONOR, *à part.*

O mon amour! ô chaste flamme!
Brûle dans l'ombre de mon âme,
Consume-toi comme un flambeau
Qui luit en vain dans un tombeau.

LE ROI.

« Bientôt j'aurai brisé cet hymen qui me lie,

LÉONOR, *avec épouvante.*

« Quoi!... la reine...

LE ROI.

« Pour toi mon cœur la répudie.

LÉONOR.

« Et l'Eglise !

LE ROI.

« Qu'importe ? avant peu je promets
« De placer sur ton front ma couronne...

LÉONOR.

« Oh ! jamais.

LE ROI.

« Je l'ai juré par le sceptre et l'épée,
« Quand brillera ma couronne à ton front,
« Dans cette cour à te perdre occupée
« Tes ennemis devant toi trembleront.

LÉONOR.

« Tremblez aussi, car le sceptre et l'épée
« Sous l'anathème en vos mains périront.
« Qui, moi ! régner ! la couronne usurpée,
« Cercle de feu, me brûlerait le front. »

LE ROI.

Que ta douleur s'arrête.
Viens auprès de ton roi
Prendre part à la fête
Qu'il ordonna pour toi.

SCÈNE IV

LE ROI, LÉONOR, SEIGNEURS et DAMES DE LA COUR, PAGES et GARDES.

Les Seigneurs et les Dames s'avancent vers le roi et s'inclinent. Le Roi conduit Léonor par la main jusqu'aux places où ils s'asseyent pour présider à la fête. Les Seigneurs se rangent. Des jeunes Filles espagnoles et des Esclaves maures paraissent et forment les danses. Dans le moment où la fête est le plus animée, don Gaspar entre avec agitation.

SCÈNE V

LES MÊMES, DON GASPAR.

DON GASPAR.

Ah! sire!

LE ROI.

Qu'est-ce donc?

DON GASPAR, *à demi voix.*

Vous refusiez de croire
D'un fidèle sujet les avertissements...
Celle que vous comblez de fortune et de gloire
Trahissait en secret son souverain.

LE ROI.

Tu mens.

DON GASPAR.

Ce billet qu'un esclave avait remis pour elle
A sa confidente fidèle,
A cette jeune Inez...

Il remet une lettre au roi.

Sire, avais-je raison?

LE ROI, *éloignant d'un geste les courtisans.*

Ah! ce n'est pas possible!

A Léonor, lui mettant la lettre sous les yeux.

Un autre ose t'écrire
Et te parler d'amour?

LÉONOR.

Je l'aime!

LE ROI.

O trahison!
Son nom?

LÉONOR.

Je puis mourir, mais non pas vous le dire.

LE ROI.

Peut-être les tourments t'y forceront.

LÉONOR.

Ah! sire!

SCÈNE VI

LES MÊMES, BALTHAZAR, entrant, suivi par un Moine qui porte un parchemin auquel pend le sceau papal.

A l'apparition de Balthazar, une grande agitation se manifeste parmi les assistants.

LE ROI.

Quel est ce bruit... quel est l'audacieux?

BALTHAZAR.

Moi, qui viens t'annoncer la colère des cieux.

LE ROI.

Moine, que dites-vous?

BALTHAZAR.

Roi de Castille... Alphonse!
Du saint siège et du ciel j'apporte les décrets :
Ne leur résistez plus, ou ma bouche prononce
L'anathème vengeur qui punit les forfaits.

LE ROI.

Je sais ce qu'un chrétien doit au chef de l'Église.
Prêtre, n'oubliez pas ce qu'on doit à son roi.

BALTHAZAR.

Vous voulez pour l'objet dont l'amour vous maîtrise
Répudier la reine et rompre votre foi.

LE ROI.

Je le voulais.

TOUS.

O ciel!

LE ROI.

Telle était ma pensée.
Sur son front ma couronne aurait été placée...
Quel que soit mon vouloir, je suis maître et seigneur
Et n'ai pour juge ici que moi-même.

BALTHAZAR.

Malheur!
Redoutez la fureur
D'un Dieu terrible et sage;
Il punit qui l'outrage,
Et pardonne au pécheur.
Vous bravez la tempête,
Imprudent! et sans voir
Planer sur votre tête
L'ange du désespoir.
Vous tous qui m'écoutez, fuyez cette adultère;
Fuyez, car cette femme est maudite de Dieu.

LÉONOR.

Juste ciel!

LE ROI.

Léonor!

BALTHAZAR.

Fuyez!

LE CHOEUR.

Quittons ce lieu.

LE ROI, avec fureur.

Ah! de quel droit?

BALTHAZAR.

Au nom du ciel et du saint-père!
Anathème sur eux, si, bravant nos décrets,
Demain, ils ne sont pas séparés pour jamais!

ENSEMBLE.

LE ROI.

Ah! qu'a-t-il dit dans sa rage insensée!
Le ciel le veut, sa clémence est lassée,
Et la vengeance en mon âme blessée
Sommeillerait quand je commande en roi?
Ah! que mon sceptre en cette main glacée
Plutôt se brise et périsse avec moi!

LÉONOR.

Ah! qu'a-t-il dit? quelle horrible pensée!
Comme une infâme et bannie et chassée!

Le ciel ordonne, et mon âme insensée
Appelle en vain la vengeance du roi.
Ah! pour cacher ma dépouille glacée,
C'est mon seul vœu, terre ingrate! ouvre-toi!

BALTHAZAR, prenant des mains du Moine le parchemin qu'il déroule aux yeux des assistants.

Voici la bulle du Saint-Père.

Tout le monde tombe à genoux.

Écoutez-moi,
Oui, du Seigneur la clémence est lassée!
Que Jézabel à l'instant soit chassée!
Le ciel ordonne, et cette âme insensée
Appelle en vain la vengeance du roi.
Fuyez tous, car la foudre est lancée
Et maudissez ce palais avec moi.

DON GASPAR et TOUTE LA COUR.

Le ciel le veut! sa clémence est lassée!
Que cette femme à l'instant soit chassée
L'homme de Dieu sur sa tète abaissée
Du châtiment fait descendre l'effroi.
Fuyons, fuyons, car la foudre est lancée
Et ce palais va crouler sur le roi.

Léonor sort éperdue, cachant sa tète dans ses mains. Tableau.

ACTE TROISIÈME

Une salle dans le palais de l'Alcazar.

SCÈNE PREMIÈRE

FERNAND, seul, entrant.

Me voici donc près d'elle!
Obscur je l'ai quittée et je reviens vainqueur.
Lorsqu'en sa cour le roi m'appelle,
D'amour, plus que d'orgueil, je sens battre mon cœur.
Celle que j'aime en ce palais doit être,
Je vais la voir, enfin! et la connaître.

Apercevant le Roi, il se retire modestement.

C'est le roi!

SCÈNE II

FERNAND, à l'écart; LE ROI, entrant tout pensif sans le voir; DON GASPAR suivant le Roi.

DON GASPAR.

De son sort avez-vous décidé?

LE ROI, sans l'écouter, se parlant à lui-même.

Aux menaces d'un moine ainsi j'aurai cédé!

DON GASPAR.

Le roi se fera-t-il justice?

LE ROI.

Que Léonor vienne, et d'Inez, sa complice,
Assurez-vous.

Don Gaspar s'incline et sort.

LE ROI, apercevant Fernand.

C'est toi, viens, mon libérateur!
Ton roi te doit son salut.

FERNAND.

Et l'honneur
M'a bien payé.

LE ROI.

De ta vaillance
Toi-même ici fixe la récompense;
Ma parole de roi te l'assure en ce jour.

FERNAND.

Sire! au fond de mon âme,
Pauvre soldat, j'aime une noble dame;
Je dois tous mes succès, ma gloire à son amour...
Accordez-moi sa main.

LE ROI.

Je le veux. Quelle est-elle?

FERNAND, apercevant Léonor qui entre.

Ah! je l'eusse nommée en disant la plus belle.

LE ROI, stupéfait.

Léonor!

SCÈNE III

LEONOR, LE ROI, FERNAND.

TRIO.

LÉONOR, frappée de surprise à la vue de Fernand.

Fernand!! grand Dieu!
Devant lui paraître infâme.

LE ROI, froidement.

Fernand de votre amour, madame,
Vient de me faire ici l'aveu.

LÉONOR, à part.

Dans ses regards quel sombre feu!

LE ROI.

Pour vous, qui vous taisiez... d'un coupable silence

Un autre roi peut-être aurait tiré vengeance...

Il s'arrête et reprend plus froidement.

Fernand me demandait à l'instant votre main...

LÉONOR.

Que dites-vous ?

LE ROI.

Et moi... moi, votre souverain,
Je la lui donne...

LÉONOR et FERNAND.

O ciel !

LE ROI.

Vous partirez demain.

S'adressant à Léonor avec amertume et tristesse.

Pour tant d'amour ne soyez pas ingrate,
Lorsqu'il n'aura que vous pour seul bonheur,
Quand d'être aimé pour toujours il se flatte,
Ne le chassez jamais de votre cœur.

LÉONOR et FERNAND.

Est-ce une erreur, est-ce un rêve qui flatte
L'illusion que caresse mon cœur ?

LE ROI.

Que dans une heure un serment vous enchaine
A l'autel.

FERNAND.

O mon prince, à genoux
Laissez-moi vous bénir... tout mon sang est à vous !

LÉONOR, *au Roi.*

Mais ce serment ?

LE ROI, *bas à Léonor.*

Vous le tiendrez sans peine,
Vous vouliez me tromper en courtisane, et moi...
Moi je me venge en roi.

Le Roi sort, emmenant Fernand.

SCÈNE IV

LÉONOR, *seule, et tombant dans un fauteuil.*

L'ai-je bien entendu !

Qui, lui, Fernand, l'époux de Léonore !
Tout me l'atteste, et mon cœur doute encore
De ce bonheur inattendu.

Se levant brusquement.

Moi, l'épouser ! oh ! ce serait infâme !
Moi, lui porter en dot mon déshonneur !
Non, non ; dût-il me fuir avec horreur,
Il connaîtra la malheureuse femme
Qu'il croit digne de son cœur.

AIR.

O mon Fernand, tous les biens de la terre,
Pour être à toi mon cœur eût tout donné.
Mais mon amour, plus pur que la prière,
Au désespoir, hélas ! est condamné.
Tu sauras tout, et par toi méprisée,
J'aurai souffert tout ce qu'on peut souffrir.
Si ta justice alors est apaisée,
Fais-moi mourir, mon Dieu ! fais-moi mourir !
Venez, cruels ! qui vous arrête ?
Mon arrêt descend du ciel.
Venez tous, c'est une fête !
De bouquets parez l'autel.
Qu'une tombe aussi s'apprête
Et jetez un voile noir
Sur la triste fiancée
Qui, maudite et repoussée,
Sera morte avant ce soir.

SCÈNE V

LÉONOR, INEZ.

LÉONOR.

Inez, viens.

INEZ.

Qu'ai-je appris ?... Fernand ! il vous épouse.

LÉONOR.

Lui m'épouser !... La fortune jalouse

N'avait pas réservé tant de bonheur pour moi.
Qu'il sache tout avant de m'engager sa foi.
Va... dis-lui que je fus la maîtresse du roi...
Après un tel aveu, s'il part, s'il m'abandonne,
Je ne me plaindrai pas... mais à mon repentir
Comme un Dieu s'il pardonne,
Le servir à genoux, l'aimer et le bénir,
Sera trop peu. Pour lui je suis prête à mourir.
Dis-lui cela... que du moins par moi-même
Il sache tout.

Elle sort.

INEZ.

Oui, madame, comptez
Sur mon zèle... je cours sans retard...

SCÈNE VI

INEZ, DON GASPAR, entrant par la droite, la Camerera-mayor.

DON GASPAR, à Inez.

Arrêtez !
Du Roi l'ordre suprême
Veut qu'à l'instant je m'assure de vous,
Madame, il faut nous suivre.

INEZ, troublée.

O ciel, protège-nous.

Don Gaspar conduit Inez jusqu'auprès de la Camerera-mayor, qui l'emmène.

SCÈNE VII

GASPAR, TOUTE LA COUR, puis LE ROI et FERNAND.

CHŒUR.

Déjà dans la chapelle
Dont la voûte étincelle,
La voix du prêtre appelle
Devant Dieu les époux.
Qu'autour d'eux l'on s'empresse,
Et que pour eux sans cesse

Brillent gloire et richesse
Et les jours les plus doux !

FERNAND, entrant avec le roi.

Ah ! de tant de bonheur mon âme est enivrée.
Rêve accompli, faveur inespérée,
De ces nobles seigneurs je puis marcher l'égal.

LE ROI, à Fernand.

Pour qu'on sache à la cour combien je vous honore
Vous qui m'avez sauvé, vous le vainqueur du Maure
Comte de Zamora... marquis de Montréal !

Fernand fait un geste de surprise.

A vous ce titre.

Détachant un collier de chevalerie qu'il porte.

A vous cet ordre encore.

Fernand met un genou en terre, et le roi lui passe l'ordre autour du cou.

DON GASPAR, à voix basse, aux seigneurs qui l'entourent.

Qu'en dites-vous, messieurs ?

UN SEIGNEUR.

Les rois sont généreux.

DON GASPAR.

C'est payer en honneurs la honte et l'infamie !

UN SEIGNEUR.

Cet hymen est donc vrai ?

DON GASPAR.

Le prince les marie,
Entre eux tout est d'accord, et ce pacte odieux
Doit arrêter les foudres de l'Eglise.
Tenez, c'est Léonor... la nouvelle marquise.

SCÈNE VIII

LES MÊMES; LÉONOR, entrant pâle, vêtue de blanc et entourée de quelques dames. A sa vue, le roi sort avec douleur.

LÉONOR, à part.

Je me soutiens à peine !

Apercevant Fernand qui la contemple avec amour.

O ciel ! vers moi ses yeux
Se lèvent sans courroux...

FERNAND, s'approchant de Léonor.

L'autel est prêt, madame.

LÉONOR.

O mon Dieu !

FERNAND.

Vous tremblez.

LÉONOR.

Oui, de joie !

DON GASPAR, aux Seigneurs qui l'entourent.

Ah ! l'infâme !

FERNAND, à Léonor.

Venez ! appuyez-vous
Sur le bras d'un époux.

CHŒUR.

Déjà dans la chapelle,
Etc

Fernand sort conduisant Léonor par la main. Les dames et une partie des seigneurs les suivent.

SCÈNE IX

DON GASPAR, UN GROUPE DE SEIGNEURS.

DON GASPAR.

Quel marché de bassesse !

LES SEIGNEURS.

C'est trop fort ! par ma foi !

DON GASPAR.

Epouser la maitresse...

LES SEIGNEURS.

La maitresse du Roi.

DON GASPAR.

Venir de sa province...

LES SEIGNEURS.

Sans nom, sans bien acquis.

DON GASPAR.

Le roi l'a fait marquis...

LES SEIGNEURS.

Messieurs, il sera prince !

DON GASPAR.

D'Alcantara lui donner le collier
Et des trésors...

LES SEIGNEURS.

Un rang, de la puissance.

TOUS.

De ses vertus et de sa complaisance
Il fallait bien payer l'aventurier.

Les seigneurs sortis avec le cortège reparaissent, les autres vont au-devant d'eux et semblent leur demander les détails de la cérémonie. Le mariage est fait. Tous les gentilshommes témoignent leur indignation.

CHŒUR.

Ah ! que du moins notre mépris qu'il brave
A son orgueil vienne mettre une entrave,
Que nul de nous ne cherche sa faveur.
Qu'il reste seul avec son déshonneur.

SCENE X

LES MÊMES, FERNAND.

FERNAND, avec ivresse.

Pour moi du ciel la faveur se déploie.
Ah! messeigneurs... ah! partagez ma joie.
Soyez témoins de mon bonheur.
Elle est à moi cette femme adorée!
Est-il un bien plus rare... oh! dites.

DON GASPAR et LES SEIGNEURS froidement.

Oui, l'honneur.

FERNAND.

L'honneur! sa noble loi me fut toujours sacrée,

2.

Je l'ai reçu pour dot en mon berceau ..
Pas un seul de ces biens, aujourd'hui mon partage,
Ne vaut cet héritage.

LES SEIGNEURS.

Il en est un pourtant qui vous semble plus beau.

FERNAND.

Qu'avez-vous dit? De cette injure
J'aurai raison!... Mais non, j'ai mal compris.
Ah! je vous en conjure,
Prouvez-le moi... Votre main, mes amis!

TOUS, retirant leurs mains.

Ce titre... trouvez bon qu'à l'avenir... marquis,
Nous ne l'acceptions plus de vous.

FERNAND.

Ah! cet outrage,
Vous le paîrez.
Il veut du sang.

TOUS.

Eh bien, vous en aurez!

FERNAND.

Marchons!

SCÈNE XI

LES MÊMES, BALTHAZAR.

BALTHAZAR.

Arrêtez! De cette aveugle rage
Suspendez les effets, chrétiens! Et tremblez tous.
Du ciel sur cet hymen j'appelle le courroux.

FERNAND, accourant vers Balthazar.

Dieu... Balthazar!

BALTHAZAR, le serrant dans ses bras.

Fernand!

DON GASPAR, avec ironie.

L'époux de Léonore!

BALTHAZAR, se dégageant de ses bras et le repoussant.

O ciel!

FERNAND.

Qu'ai-je donc fait?

BALTHAZAR.

C'est toi qu'on déshonore

FERNAND.

Comment ai-je souillé mon nom? répondez-moi.

TOUS.

En épousant la maîtresse du roi!

FERNAND, atterré.

En épousant la maîtresse du roi!

Eclatant.

Quoi! Léonor!... L'enfer brûle ma tête!

BALTHAZAR.

L'ignorais-tu?

FERNAND, avec une fureur croissante.

La maîtresse du roi!
Tout leur sang et le mien!

BALTHAZAR, regardant au dehors.

Arrête!

On vient en ces lieux.

FERNAND.

Ici, je les attends.

BALTHAZAR.

Fuis!

FERNAND.

Oh! non, je prétends
Me venger.

BALTHAZAR.

Fernand, que vas-tu faire?

FERNAND.

Dieu seul le sait, mon père.

TOUS.

Quels regards menaçants!

SCÈNE XII

LES MÊMES, LE ROI, donnant la main à LÉONOR.

FERNAND, allant au-devant du roi.

Sire, je vous dois tout, ma fortune et ma vie;
Le titre de marquis... ma nouvelle splendeur...
Des dignités... de l'or... tous les biens qu'on envie;
Mais vous vous êtes, monseigneur,
Payé trop chèrement au prix de mon honneur.

LE ROI.

O ciel!... de son âme
La noble fierté
S'indigne et s'enflamme
Dans sa loyauté.
Ah! l'injuste outrage
Qui flétrit son roi,
Rougit mon visage
De honte et d'effroi!

FERNAND.

Péris! pacte infâme
Qui m'as trop coûté,
Honneur, noble flamme!
Rends-moi ma fierté.
J'affronte l'orage,
Je connais mes droits,
Qui brave l'outrage
Peut braver les rois.

LE ROI.

Écoutez-moi, Fernand...

FERNAND.

J'ai tout appris, Altesse.

LÉONOR, à part.

Il ne savait donc pas...

FERNAND.

C'est pour une bassesse
Qu'on m'a choisi.

LE ROI, *avec colère.*

Marquis!

FERNAND.

Ce nom n'est pas le mien;
Et des présents du roi je ne veux garder rien.
Marquis! ce nom n'est pas le mien!

Se tournant vers les seigneurs qui l'ont insulté.

Messieurs, rendez-moi votre estime...
Du sort, pauvre victime,
Je pars, et n'emporte d'ici
Que le nom de mon père...

LÉONOR, *à part, avec égarement.*

Inez, Inez!

DON GASPAR, *à voix basse à Léonor.*

Inez est prisonnière.

FERNAND, *détachant de son cou l'ordre qu'il a reçu du roi.*

Je pars, je pars!... Ce collier qui paya l'infamie,
Je vous le rends.

Il tire son épée.

Cette épée avilie,
Qui de nos ennemis naguère était l'effroi,
Je la brise... à vos pieds! car vous êtes le roi.
Je maudis cette alliance,
Je maudis l'indigne offense
Que, sur moi, votre démence
A jeté avec de l'or.
Roi! gardons, vous la puissance,
Moi l'honneur, mon seul trésor.

LÉONOR, *au roi.*

Grâce, ô roi! pour son offense,
Sur moi tombe ta vengeance.

A Fernand, qui la repousse.

Noble cœur! de sa souffrance
Sur moi pèse le remord;
Mais écoute ma défense,
Ou bien donne-moi la mort.

LE ROI.

Ah! c'est trop de ma clémence

Protéger tant d'insolence!
Tremble, ingrat; car ton offense
Fait sur toi planer la mort.
Mais, non... fuis... car ta vengeance
Est aussi dans mon remord.

BALTHAZAR.

Roi, déjà pour vous commence
Du pécheur la chute immense;
Sur le trône est la souffrance,
Sous la pourpre est le remord.

A Fernand.

Viens, mon fils, dans sa clémence
Dieu peut seul t'ouvrir un port.

DON GASPAR et LE CHOEUR.

Déjà de notre insolence
Sur nous pèse le remord.
Qu'elle est noble sa vengeance!
Mais je tremble pour son sort.

Mouvement général. Fernand sort suivi de Balthazar, les seigneurs ouvrent respectueusement leurs rangs pour le laisser passer, et s'inclinent devant lui.

ACTE QUATRIÈME

Le théâtre représente le cloître du couvent de Saint-Jacques de Compostelle. — A droite, se trouve le portique de l'église et, en face, une grande croix élevée sur un socle de pierre. — Çà et là des tombes et des croix de bois. — Le jour naissant éclaire seulement la partie découverte du cloître ; les premiers plans sont encore obscurcis par les ombres que projettent les murs de l'église.

SCÈNE PREMIÈRE

RELIGIEUX, BALTHAZAR. Des Religieux sont prosternés au pied de la croix ; d'autres, dans l'éloignement, creusent leurs tombes et répètent par intervalles :

Frères, creusons l'asile où la douleur s'endort.

Un religieux introduit des pèlerins qui se dirigent vers l'église, et s'arrêtent devant le portique où paraît Balthazar.

BALTHAZAR.

Les cieux s'emplissent d'étincelles;
Vers Dieu montez avec transport,
Chœur pur des pénitents fidèles,
Assis dans l'ombre de la mort.

Les religieux répètent la prière de Balthazar, puis s'éloignent à travers les arcades du cloître ; les pèlerins entrent dans la chapelle. Un seul religieux est resté debout, immobile, la figure cachée dans ses mains : c'est Fernand.

SCÈNE II

BALTHAZAR, FERNAND.

BALTHAZAR, s'approchant de Fernand.

Dans un instant, mon frère,

Un serment éternel
Vous arrache à la terre
Pour vous lier au ciel.

FERNAND.

Quand j'ai quitté le port pour l'orage du monde,
Vous me l'aviez bien dit : « Mon fils, tu reviendras ! »
Me voici ; je reviens cherchant la paix profonde,
Et l'oubli que la mort offre ici dans ses bras.

BALTHAZAR.

Du courage, Fernand ; lorsque Dieu vous appelle,
Ne pensez plus qu'à lui ; votre vœu prononcé
Entre le monde et vous est un tombeau placé.

FERNAND.

Vous me quittez ?

BALTHAZAR.

Entrez dans la chapelle.
Auprès d'un novice arrivé cette nuit,
Malade... jeune encor... le devoir me conduit.

FERNAND, levant les yeux au ciel.

Jeune aussi !

BALTHAZAR.

Pauvre fleur par l'orage abattue,
Qui va mourir, peut-être !

FERNAND.

Oh ! oui, la douleur tue.

Balthazar va prendre les mains de Fernand, comme pour relever son courage, puis il sort.

SCÈNE III

FERNAND, seul.

La maîtresse du roi ! Dans l'abîme creusé,
Sous un piège infernal ma gloire est engloutie,
Et de mon triste cœur l'espérance est sortie,
« Ainsi que d'un vase brisé. »

ROMANCE.

Ange si pur, que dans un songe
J'ai cru trouver, vous que j'aimais !
Avec l'espoir, triste mensonge !
Envolez-vous et pour jamais.
En moi, par l'amour d'une femme
De Dieu l'amour avait faibli ;
Pitié! je t'ai rendu mon âme,
Pitié, Seigneur, rends-moi l'oubli.
Ange si pur, que dans un songe
J'ai cru trouver, vous que j'aimais
Avec l'espoir, triste mensonge !
Envolez-vous et pour jamais.

SCÈNE IV

FERNAND, BALTHAZAR, LES RELIGIEUX.

BALTHAZAR.

Es-tu prêt ? viens.

FERNAND.

Mon père, à la chapelle
Je vous suis.

BALTHAZAR.

Viens, mon fils, qu'à toi Dieu se révèle.

Balthazar et Fernand entrent dans la chapelle, les Religieux les suivent en silence. Léonor paraît sous l'habit d'un novice ; elle se place devant le porche de l'Eglise, cherchant à distinguer les traits des Religieux qui passent la tête baissée sous leurs capuchons.

SCÈNE V

LEONOR, seule.

Fernand! Fernand! pourrai-je le trouver?
Ce monastère est-il l'asile qu'il habite?
Sous cette robe sainte, ô mon Dieu! que j'irrite

Jusques à lui permets-moi d'arriver.
Par la douleur ma force est épuisée,
Je vais mourir... oui! merci de ce don!
Prends mon âme brisée,
Mais qu'au moins de Fernand j'emporte le pardon.

CHOEUR DES RELIGIEUX, dans l'église.

Que du Très-Haut la faveur t'accompagne,
Vœu du fidèle, adorable tribut,
Entendez-vous, du haut de la montagne,
La voix de l'ange annonçant le salut?

LÉONOR.

Qu'entends-je? c'est un vœu qui de l'autel s'élève,
Un ange que le ciel à cette terre enlève?

FERNAND, dans l'église.

Je me consacre à te servir, Seigneur!
Viens, que ta grâce illumine mon cœur.

LÉONOR.

Cette voix! c'est bien lui! lui! perdu sur la terre.
Ange, remonte au ciel! je fuis ce cloître austère,
Mais... je ne puis, la mort glace mon sang.

Elle tombe épuisée au pied de la croix.

SCÈNE VI

LÉONOR, FERNAND.

FERNAND, sortant de l'église avec agitation.

Mes vœux sont prononcés... Et malgré moi descend
Dans mon âme inquiète
Une terreur secrète...
J'ai fui loin de l'autel.

LÉONOR, essayant de se soulever.

Mon Dieu, je souffre. Hélas!
J'ai froid.

FERNAND.

Qu'entends-je?...

Regardant autour de lui.

Sur la terre,
Un malheureux...

S'approchant.

Relevez-vous, mon frère.

LÉONOR.

C'est lui!

FERNAND, reculant avec horreur.

Grand Dieu!

LÉONOR.

Ne me maudissez pas.

FERNAND.

Va-t'en d'ici! de cet asile
Tu troublerais la pureté;
Laisse la mort froide et tranquille
Faire son œuvre en liberté.
Dans son palais ton roi t'appelle
Pour te parer de honte et d'or.
Son amour te rendra plus belle,
Plus belle et plus infâme encor.

LÉONOR.

Jusqu'à ce monastère
En priant j'ai marché... les ronces et la pierre
Ont meurtri mes genoux.

FERNAND.

Vous qui m'avez trompé, de moi qu'espérez-vous?

LÉONOR.

D'une erreur sur tous deux la peine, hélas! retombe.
J'ai cru qu'Inez pour moi
Vous avait tout appris. Dans un pardon j'eus foi.
Croyez-moi! l'on ne ment pas au bord de la tombe.
Mon triste aveu ne put jusqu'à vous parvenir...
Fernand... faites-moi grâce à mon dernier soupir.

CANTABILE.

Fernand! imite la clémence
Du ciel à qui tu t'es lié.
Tu vois mes pleurs et ma souffrance
Écoute la pitié.

Pour moi qui traîne ici ma honte,
La terre, hélas! n'a plus de prix;
Mais que mon âme au ciel remonte
Pure au moins de ton mépris.

ENSEMBLE.

FERNAND.

Ses pleurs! sa voix jadis si chère,
Portent le trouble de mes sens;
Sur ton élu, Seigneur, descends!
Arme son cœur par la prière.

LÉONOR.

Entends ma voix jadis si chère,
Vois quel trouble agite mes sens;
Et dans la nuit où je descends;
Ne repousse pas ma prière.

FERNAND.

Adieu! Je dois vous fuir.

LÉONOR.

Désarme ta colère.
Oh! ne me laisse pas mourir dans l'abandon.
Vois mes pleurs, ma misère...
Un seul mot de pardon!
Par le ciel, par ta mère,
Par la mort qui m'attend.

FERNAND.

Va-t'en!

LÉONOR.

Pitié! je t'en conjure
Par l'amour d'autrefois.

FERNAND.

Pour l'amitié quand elle adjure,
Tout mon amour se réveille à sa voix.

LÉONOR.

Miséricorde à cette heure suprême
Ou sous tes pieds écrase-moi.

Elle se jette à genoux.

FERNAND.

Ah! Léonor!

LÉONOR.

Grâce !

FERNAND.

Relève-toi...
Dieu te pardonne.

LÉONOR.

Et toi ?

FERNAND.

Je t'aime !
Viens ! je cède éperdu
Au transport qui m'enivre :
Mon amour t'est rendu,
Pour t'aimer je veux vivre.
Viens ! j'écoute en mon cœur
Une voix qui me crie :
Dans une autre patrie
Va cacher ton bonheur.

LÉONOR.

C'est mon rêve perdu
Qui rayonne et m'enivre !
Son amour m'est rendu,
Mon Dieu, laisse-moi vivre !

A Fernand.

J'abandonne mon cœur
A la voix qui me crie :
Dans une autre patrie
Va chercher le bonheur.

FERNAND.

Fuyons ce monastère.

LÉONOR, avec épouvante.

O ciel ! et ton salut.

On entend le chœur des religieux dans l'église.

Monte vers Dieu, dégagé de la terre,
Vœu du fidèle, adorable tribut.

A Fernand.

Entends-tu leur prière ?
C'est Dieu qui t'éclaire

FERNAND.

A toi j'abandonne mon sort.

LÉONOR.

Ah ! le remords m'assiège,
Tes vœux ! songe à tes vœux.

FERNAND.

Mon amour est plus fort,
Oui, pour te posséder, je serai sacrilège.

LÉONOR, défaillant.

Non, du ciel la faveur
Le retient sur l'abîme,
C'est la main du Sauveur
Qui t'épargne ton crime.
Moi, j'accepte mon sort...
Fernand, Dieu me protège...
Sois sauvé du sacrilège,
Sois sauvé par ma mort.

FERNAND.

Viens, fuyons.

LÉONOR.

Je ne puis .. ma vie est terminée.

FERNAND.

Mon Dieu !

LÉONOR.

Mais je meurs pardonnée.
Fernand, je te bénis.
Adieu ! dans le tombeau nous serons réunis.

Elle meurt.

FERNAND, *se penchant sur le corps de Léonor inanimée.*

Léonor ! Léonor ! C'est ma voix qui t'appelle ;
Rouvre les yeux, c'est moi... ton époux ! vain effort
Au secours, au secours !

SCÈNE VII

LÉONOR, étendue sur la terre ; FERNAND, BALTHAZAR, sortant de l'église suivi par les religieux.

FERNAND, à Balthazar.

Venez, venez... c'est elle !

BALTHAZAR.

Silence !

Il s'approche de Léonor et rabaisse le capuchon sur ses cheveux déroulés.

Elle n'est plus !

FERNAND.

Ah !

BALTHAZAR, aux religieux.

Le novice est mort.
Priez pour lui, mes frères.

FERNAND.

Et vous prirez demain pour moi.

LES RELIGIEUX, tombant à genoux.

Dieu « du pardon, que nos prières
« Portent cette âme jusqu'à toi ! »

FIN

A LA MÊME LIBRAIRIE

Opéras format in-8°, à 1 franc la brochure.

CARMAGNOLA (2 actes), par E. Scribe, musique de M. Amb. Thomas.

LE COMTE ORY (2 actes), par MM. Scribe et Delestre-Poirson, musique de Rossini.

DOM SÉBASTIEN DE PORTUGAL (5 actes), par Scribe, musique de Donizetti.

GUIDO ET GINEVRA (5 actes), par Scribe, musique d'Halévy.

LE LAC DES FÉES (5 actes), par MM. Scribe et Mélesville, musique d'Auber.

LUCIE DE LAMERMOOR (2 actes), par MM. A. Royer et G. Vaez, musique de Donizetti.

MARIE DE ROHAN (3 actes), par MM. Lockroy et E. Badon, musique de Donizetti.

MARIE STUART (5 actes), par M. Th. Anne, musique de Niedermeyer.

MOÏSE (4 actes), musique de Rossini.

LA MUETTE DE PORTICI (5 actes), par E. Scribe, musique d'Auber.

NIZZA DE GRENADE (4 actes), par E. Monnier, musique de Donizetti.

NORMA (3 actes), par E. Monnier, musique de Bellini.

LE PHILTRE (2 actes), par Scribe, musique d'Auber.

RICHARD EN PALESTINE (3 actes), par M. P. Foucher, musique d'A. Adam.

ROBIN DES BOIS (3 actes), par MM. Castil Blaze et E. Sauvage, musique de Weber.

LA SOMNAMBULE, ballet en trois actes, par M. Aumer, musique d'Hérold,

LA SYLPHIDE, ballet en deux actes, par M. Taglioni, musique de Schneitzhoffer.

XACARILLA, opéra en un acte, par Scribe, musique de Marliani.

Imprimerie Générale de Châtillon-sur-Seine. A. Pichat.

www.ingramcontent.com/pod-product-compliance
Lightning Source LLC
LaVergne TN
LVHW050455160826
845677LV00003B/794

* 9 7 8 2 3 2 9 6 6 4 2 1 7 *